Hurra,
wir gehen in die Schule!

Hurra,
wir gehen in die Schule!

Sammelband:

Annas schönster Schultag
Eine Schultüte für Anton
Kitty kommt zu spät zur Schule
Der kleine Bär kommt in die Schule

In neuer Rechtschreibung

1. Auflage 2000
© Edition Bücherbär im Arena Verlag GmbH, Würzburg 2000
Alle Rechte vorbehalten
Einbandillustration von Jutta Garbert
Gesamtherstellung: Westermann Druck Zwickau GmbH
ISBN 3-401-07954-9

Inhalt

Annas schönster Schultag
11

Eine Schultüte für Anton
41

Kitty kommt zu spät zur Schule
71

Der kleine Bär kommt in die Schule
99

Ilse Bintig / Dorothea Tust

Annas schönster Schultag

Anna ist mit

Mama und Papa

in ein neues  gezogen.

Heute geht in die neue .

Dort kennt niemanden.

Sie ist ganz aufgeregt.

„Ich bring dich hin", sagt .

„Die Lehrerin wird dir gefallen.

Die  kennst du auch bald."

Vor der neuen  bleibt  stehen.

„Ich will allein reingehen.

Ich bin doch kein ."

Dann steht allein vor der

und schaut durchs .

Sie sieht ein großes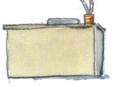

und eine grüne .

Die  kann sie nicht sehen.

 öffnet die  .

Die  kommt ihr entgegen.

„Du bist sicher die  .

Willkommen in unserer  !"

Die  nimmt sie an die

und geht mit ihr ans  .

Viele fremde

schauen neugierig an.

 kriegt einen roten .

Sie sieht verlegen aus dem .

Die schreibt an die  :

Anna Peters

Dann fragt die :

„Wo ist noch ein  frei?"

„Neben mir!", schreit Dennis  .

Lisa ruft: „Neben mir auch!"

„Wo möchtest du sitzen, ?",

fragt die  freundlich.

 murmelt: „Ist mir egal."

Also sitzt neben .

Sie öffnet ihre  .

Sie holt ihr blaues

und ihr  heraus.

Nun sollen die  vorlesen.

 liest von einem

auf einem großen .

 liest auch gern,

aber heute traut sie sich nicht.

„Lies weiter, !", sagt die .

 hat nicht aufgepasst.

Er wird rot und stottert:

„In dem  … in dem … sitzen zwei kleine ."

Ein paar prusten los.

Im sitzen natürlich !

Die  malt ein

und zwei an die .

Jetzt muss auch lachen.

Kurz danach schellt es.

Die  rennen hinaus.

Sie spielen mit dem .

Sie hüpfen über ein .

 versteckt sich

und muss ihn suchen.

Nur  steht allein da.

Unter all den fremden

fühlt sich nicht wohl.

Später fragt die :

„Gefällt es dir bei uns, ?"

 schüttelt den .

„Ich kenne die  ja nicht."

Die lacht  an.

„Wetten, dass die anderen

sich auch nicht alle kennen?

Legt den auf den

und schließt fest die ."

Die  fragt den Fabian :

„Wie sieht die Sonja aus?"

 überlegt und sagt:

„Die  hat zwei ."

„Falsch!", lacht die .

„Die hat nur einen ."

Alle  heben den

und schauen an.

Es ist wirklich nur ein !

Jeder soll jetzt ein  von einem anderen malen.

Alle packen  will  malen.

„Du kannst so schön rot werden."

 kichert und sagt zu :

„Und du hast eine komische ."

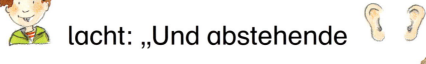 lacht: „Und abstehende ."

„Die kann man gut malen", sagt  .

Schließlich haben alle

ihr  fertig gemalt.

Mit einer schneiden sie

jeden vorsichtig aus.

Dann klebt die

alle  zusammen.

Das gibt ein großes

von allen  .

Und mittendrin ist  .

„Jetzt wollen wir rechnen",

sagt die  anschließend.

„Wie viele ⬛ seht ihr

in dem ⬛ an der ⬛?"

„Zwei ⬛", antwortet ⬛.

„Und wie viele ⬛ sind es,

wenn sich noch drei ⬛

ins 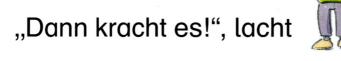 setzen?"

„Dann kracht es!", lacht ⬛.

Plötzlich kracht es wirklich.

 ist mit dem  umgekippt

und heult: „Aua, mein !"

Der blutet ein bisschen.

 hat ein 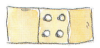 bei sich.

Sie läuft schnell zu

und klebt es auf den .

„Danke, ", schnieft .

Später gehen die  turnen.

Zuerst laufen alle

wild durcheinander.

Dann staksen sie wie ein .

Sie hüpfen wie ein .

Sie stampfen wie ein .

Sie watscheln wie eine .

Sie werden groß wie ein .

Sie gehen gebückt wie ein .

Sie strampeln wie ein .

Danach laufen die

über einen langen  .

 kann das besser als .

 fällt immer vom  .

Da nimmt sie einfach

an die und führt sie.

Dann turnen sie auf der  .

Das kann  nicht so gut.

„Macht doch nichts!", sagt .

Und ganz zuletzt dürfen die 🧒 singen.

Die 👩 spielt auf dem 🎹 etwas vor.

Die 🧒 singen vom 🦊,

der die 🦢 gestohlen hat.

sagt leise zu :

„Ich möchte auch  spielen."

„Ich auch", flüstert zurück.

„Dann spielen wir immer zusammen."

Nun ist die  aus

und die  gehen heim.

„Bis morgen!", ruft .

 und gehen zusammen,

denn sie wohnen im gleichen  .

 wartet schon auf .

„Na, wie war es in der  ?",

fragt neugierig.

 hüpft und lacht und ruft:

„Einfach supertoll!"

Die Wörter zu den Bildern:

Anna

Mama

Papa

Haus

Schule

Lehrerin

Kinder

Baby

Tür

Schlüsselloch

Pult

Tafel

Hand

Kopf

Fenster	Baum
Stuhl	Pferde
Dennis	Vögel
Lisa	Ball
Schultasche	Seil
Mäppchen	Tisch
Buch	Augen
Nest	Fabian

Sonja	Schere
Zöpfe	Köpfe
Zopf	Finger
Bild	Pflaster
Farbkasten	Storch
Pinsel	Frosch
Nase	Elefant
Ohren	Ente

Riese

Zwerg

Hampelmann

Balken

Matte

Klavier

Fuchs

Gans

Maria Seidemann / Jutta Garbert

Eine Schultüte für Anton

Siehst du das kleine  ?

Alle  sind dunkel.

In diesem  wohnt Anton .

Ganz unten schlafen und .

Anna und Lena schlafen darüber.

Hinter dem oberen schläft Karl .

Neben der schläft Poldi .

Unter dem  steht das  von .

 schläft nicht.

Der 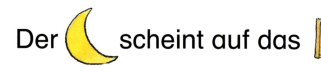 scheint auf das  .

 kann nicht schlafen,

denn morgen kommt er in die  .

Wie wird es in der sein?

 ist sehr aufgeregt.

Aber die ganze  wird

 morgen zur  begleiten.

und haben ihm einen gekauft und eine neue .

 hat ihm eine gelbe geschenkt.

Von hat er knallbunte bekommen und von  eine für seine .

 kriegt von allen zusammen morgen früh eine große 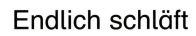.

Endlich schläft  ein.

Er träumt von der .

Im  klingelt der .

Die  scheint freundlich

auf das  unter dem .

 springt aus dem

und rennt die 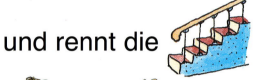 hinunter.

 und decken schon den .

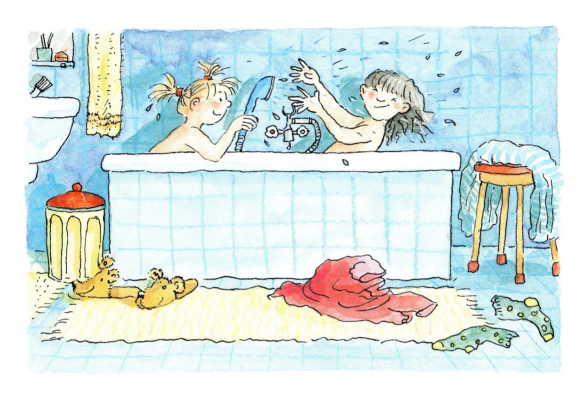

Alle vier  drängeln sich im  .

 und duschen in der .

 wäscht sich am und

 putzt sich vor dem die .

Endlich sitzen alle am  .

„Gehen wir jetzt in die ?", fragt  .

 sagt: „Du hast ja noch deinen an!"

Sie gibt  die neue .

 holt ihm seinen  .

 bringt ihm die gelbe

und die knallbunten  .

 sucht seine  .

 findet sie unter der .

Nun können sie in die gehen.

„Vergiss den nicht!",

sagt  zu .

 greift nach dem  ,

nimmt die  und stürmt aus dem  .

„ , pass auf!", ruft  .

Ein  kommt um das gefahren.

 erschrickt und stolpert.

Der  bremst.

Die  schrillt.

 bellt laut.

„Tut mir Leid", murmelt

der  .

hilft aufzustehen.

 hebt die auf.

 und

machen den  sauber.

 gibt sein  und

 bringt den verlorenen  .

„Mein tut so weh", sagt .

 wickelt einen  um den .

Jetzt passt er nicht mehr in den  .

 streift einen alten über den  .

„Wir kommen zu spät in die !", jammert .

trägt , trägt die .

 und tragen den .

 trägt den .

 trägt den  von .

Alle rennen in die .

Vor der warten viele

mit  und

aufgeregte  mit neuen .

Niemand merkt, dass

nur einen  anhat.

Die  ruft die  zusammen.

Sie zeigt ihnen die ganze  .

 steigt die hinauf und hinunter.

Sein tut gar nicht mehr weh.

Er schaut sich die  und

 an, die

und die  . sieht ein ,

eine  und auf dem

einen ausgestopften  .

Jetzt sagen alle , wie sie heißen,

und setzen sich auf ihre .

Am  neben sitzt Klara .

 schaut mit ihren braunen an.

 flüstert  zu:

„Hast du deinen  verloren?"

Leise erzählt von dem .

 gefällt ihm.

Die gefällt ihm auch.

Hier wird  bestimmt gerne lernen.

fotografiert vor seiner

mit dem  und der .

Alle warten gespannt auf das fertige .

Auf dem hat nur einen an.

„Wo ist eigentlich mein zweiter ?", schreit .

 guckt unschuldig.

Die ganze  sucht den .

 sucht . Aber ist schon fort.

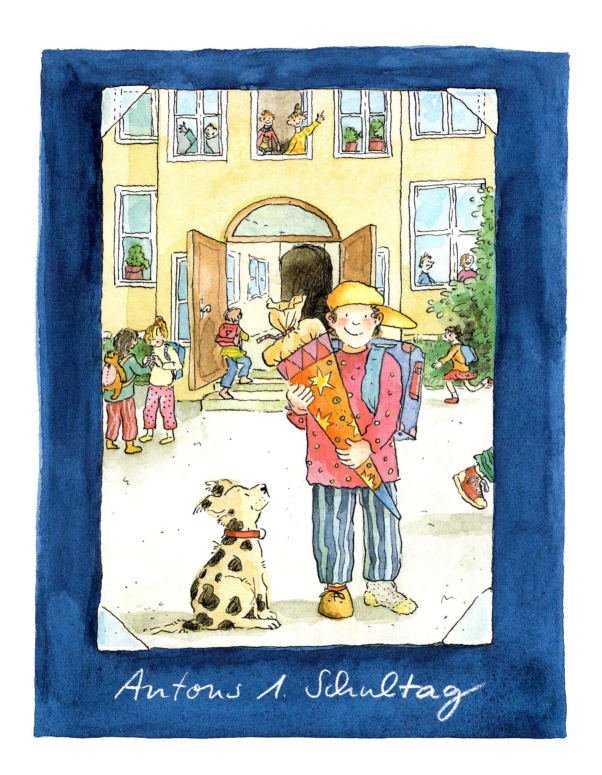

Daheim öffnet  seine .

Darin sind ,  und ein .

Auf dem steht ein großer .

 schneidet den  an.

holt die . und

gießen die   voll.

Die ganze  isst und trinkt.

Sie feiern, bis der über dem

 aufgeht.

Im  sind alle  dunkel.

Unten schlafen  und .

Darüber schlafen  und .

 schläft hinter dem oberen .

 schläft neben der .

Unter dem  liegt in seinem .

 schläft tief und fest.

Er träumt von der .

Und vielleicht auch von .

Die Wörter zu den Bildern:

Haus   Karl

Fenster    Treppe

Anton   Poldi

Papa   Dach

Mama   Bett

Anna   Mond

Lena   Schule

Familie		Wecker	
Schulranzen		Sonne	
Hose		Tisch	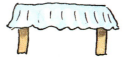
Mütze		Kinder	
Socken		Badezimmer	
Schachtel		Badewanne	
Stifte		Waschbecken	
Schultüte		Spiegel	

Zähne		Schuh	
Schlafanzug		Fuß	
Pullover		Verband	
Schuhe		Strumpf	
Fotoapparat		Leute	
Radfahrer		Lehrerin	
Klingel		Stühle	
Taschentuch		Tische	

Tafel		Foto	
Bücher		Kekse	
Klavier		Schokolade	
Tischtennisplatte			
Schrank		Buch	
Vogel		Kuchen	
Klara		Teekanne	
Augen		Tassen	

Christa Zeuch / Christa Unzner

Kitty kommt zu spät zur Schule

Kitty  sitzt am  .

Sie trinkt

aus ihrer blauen .

„Ich schaffe nur ein halbes ",

sagt sie zu  .

Die und das halbe

läßt stehen.

Sie schiebt den

unter den  .

Es ist zehn vor acht 🕗.

👦 muss in die 🏫!

Rasch holt sie den 🎒.

Ist alles im 🎒 drin?

Ja, der 📕, das 🍞,

die ✏️ und der kleine 🧸.

„Zieh die 👢 an",

sagt 👩 zu 👦,

„und vergiss den ☂ nicht!"

 schlüpft in die .

Sie setzt den auf,

nimmt den

und springt zur hinaus.

Puh! Aus den

fällt dichter .

Vor der ist schon

eine große .

Platsch, da hopst mitten hinein.

Jetzt spannt den auf.

Sie läuft auf dem

bis zur nächsten .

An der hält sie an.

Die steht auf .

rauschen vorbei.

„Igitt!", schreit ,

weil die

ihre voll spritzen.

Endlich springt die auf

 geht über die

Nun kommt

an einem vorbei.

Mit einem  blinzelt

durch ein  im .

Hinter dem  sieht sie

einen gelben

mit einer mächtigen .

Der  wummert.

Davor steht ein .

Mit der

hebt der

auf das .

Die hinter dem

tragen gelbe .

„Achtung!", brüllt ein .

Er zeigt auf einen riesigen .

Der ▢ schwenkt aus: Uuiiijiiiiiip!

Ein ▢ hängt am ▢.

Unten am ▢

baumelt ein schweres ▢.

▢ ist gespannt,

was die ▢ bauen.

Eine neue ▢?

Oder eine ▢?

Nun muss ▢ schnell weiter.

Plötzlich duftet es nach 🥯 !

🧒 bleibt vor einem 🏪 stehen.

Es ist voller 🎂 und 🥐 .

🧒 hat noch zwei 🪙 .

Sie öffnet die 🚪

und fragt die 👩 :

„Was gibt es für zwei 🪙 ?"

Die 👩 antwortet:

„Leider nur zwei 🍭 ."

 strahlt.

Zwei 🍭 sind doch viel

für zwei 🪙

Sie kauft die 🍭

Da schlägt die 🕐

an der 🏛 achtmal.

Verflixt, 👦 muss sich beeilen!

Sonst kommt sie zu spät

in die 🏫 .

Die ☁️ haben sich verzogen.

🧒 braucht den ☂️ nicht mehr.

Sie rennt los.

Im 🎒 klappern die ✏️.

Jetzt läuft 🧒 über eine 🌉.

Unten fährt gerade ein 🚆 durch.

Jumm! Schon taucht der 🚆 drüben unter der 🌉 auf.

Plötzlich quietschen  .

Mitten auf der

bremst ein  .

Ein  steigt aus.

Neben dem

liegt ein kleiner  !

Sofort ist auch

bei dem  .

Er springt auf die  .

 ist froh!

Der 🐕 hat sich nichts verletzt,

kein 🐾, kein 🐾

und auch nicht den 🐾.

Der 👨 schimpft und sagt:

„Pass besser auf deinen 🐕 auf!"

Er schaut 👦 böse an.

Er steigt wieder ins 🚗

und fährt über die 🌉 weg.

bückt sich

zu dem kleinen   .

Der zittert vom

bis zu den   .

Sanft streicht   über sein   .

Dann trägt sie den

in die   .

Jedes   sitzt längst

an seinem   .

Mit großen 👀

sehen die 👦👧🧒👦👦

und den 🐕 an.

Die 👩 fragt: „Nanu, 🧒!

Warum bringst du deinen 🐕

mit in die 🏫?

Und warum kommst du zu spät?"

Was soll

der  🧒 sagen?

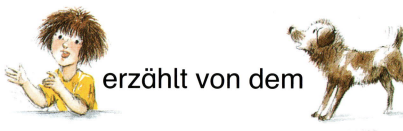 erzählt von dem

und wie ihn fast ein  überfahren hat.

Jetzt streichelt die den kleinen .

Sie sagt:

„Vielleicht ist der einem anderen weggelaufen.

Heute darf er in der bleiben."

Die  denken nach.

„Wir müssen herausfinden,

wem der gehört!",

sagt schließlich.

Nach der hängen die

überall auf.

Und tatsächlich:

Es meldet sich ein ,

dem der gehört.

Die Wörter zu den Bildern

Kitty

Tisch

Milch

Tasse

Brötchen

Mama

Stuhl

Uhr

Schule

Ranzen

Malblock

Butterbrot

Stifte

Bär

Gummistiefel

Regenschirm

Tür

Wolken

Regen

Pfütze

Fußweg

Ampel

Rot

Autos

Jacke

Grün

Straße

Zaun

Auge

Loch

Bagger

Schaufel

Lastauto

Sand

Arbeiter	Verkäuferin
Helme	Lollis
Kran	Brücke
Seil	Zug
Brett	Autoreifen
Kirche	Mann
Schaufenster	Auto
Kuchen	Hund
Groschen	Beine

Ohr

Bein

Schwanz

Ohren

Fell

Kind

Tisch

Augen

Kinder

Lehrerin

Zettel

Norbert Landa / Hanne Türk

Der kleine Bär kommt in die Schule

Morgen kommt der kleine

in die  .

Er ist schon sehr aufgeregt.

Bevor er ins  geht,

packt er seine  und seine

in den .

Die stellt er

daneben.

Der kleine 🐻 knipst die 💡 aus

und geht ins 🛏 .

Hoffentlich komme ich morgen nicht zu spät

zur 🏠 , denkt der kleine 🐻 .

Er macht die 💡 wieder an

und stellt seinen ⏰ ganz früh,

damit er ganz bestimmt nicht verschläft.

Dann knipst er die 💡 aus

und legt sich wieder ins 🛏 .

Doch dann fällt ihm plötzlich ein:

Habe ich alle  und eingepackt?

Schnell springt der kleine

aus dem und macht die

wieder an. Alles ist da: die ,

die , die und der .

Dann packt der kleine alles wieder ein.

Und die in der ?

Sie sind auch noch alle da!

Der kleine  macht die  aus.

Plötzlich zuckt ein  auf

und es donnert ganz laut.

 prasseln aufs .

Der kleine  zieht sich

die  über den .

Morgen wird es viele  geben

auf dem , denkt der kleine .

Dann muss ich  anziehen.

Und hoffentlich kennen der ,

die  und das

den  zur .

Endlich schläft der kleine  ein.

Morgens scheint wieder die  .

Der  klingelt laut.

Wieso denn das? Ach so!

Heute komme ich in die  !,

denkt der kleine

und springt aus dem  .

Der  ist ja schon gepackt.

Und auch die steht bereit.

Pünktlich läuft der kleine

aus dem .

Das  und die

warten schon mit ihren .

Gemeinsam wollen sie den

zur  gehen.

„Wo bleibt der ?", fragt der kleine .

„Der kommt gleich nach", sagt die .

„Er kennt ja bestimmt

den  zur ."

Also laufen der kleine , die

und das schon mal los.

Das fragt:

„Warum klappern denn

deine so, kleiner ?

Fürchtest du dich etwa vor der ?"

„Papperlapapp", sagt der kleine .

„Ich freue mich auf die .

Das sind nur meine im ."

Der kleine 🐻, die 🦆 und das 🐿️

laufen an der ⛪ vorbei,

am 🌾 und am 🌲.

Dann kommen sie zum 🏞️.

Darin liegen viele große 🪨.

Wer über den 🏞️ will,

muss von 🪨 zu 🪨 hüpfen.

Aber was ist das?

Heute ist der 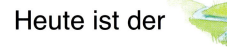 ganz hoch.

„Die  sind verschwunden!",

ruft der kleine  .

„Wie sollen wir da denn alle

über den 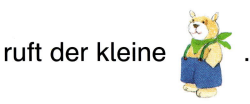 kommen?"

„Schwimmen", sagt die ,

platscht ins  und schon

ist die am anderen .

Doch dann schwimmt sie zurück.

„Komm, gib mir deinen !", sagt die

und bringt den  über den .

„Danke", sagt der kleine .

„Und ich? Ich kann doch nicht

schwimmen wie eine ."

„Komm!", sagt das ▢ .

„Gib mir deine ▢ ."

Das ▢ klettert auf den ▢ und

springt von ▢ zu ▢ über den ▢ .

„Und jetzt du!", ruft das ▢ .

Der kleine  versucht es.

Er klettert auf den .

Doch für ihn sind die viel zu dünn.

Der kleine ist verzweifelt.

Die und das ,

sein und seine  –

alles ist am anderen .

Nur er kommt nicht über den !

So kommt er nicht in die !

„Kommt zurück!", ruft der kleine  .

„Das geht nicht!",

rufen das  und die  .

„Hörst du die ?"

„Wir kommen sonst zu spät zur  ."

Da kommt endlich der angelaufen.

„Hallo, kleiner ", sagt er.

„Warum gehst du nicht in die ?

Und was machen die und das

da drüben am ?"

„Die  und das  gehen in die

und ich nicht", jammert der kleine .

„Weil ich nicht durch den

schwimmen und über die dünnen

klettern kann." Er weint dicke .

Der  fragt:

„Wieso willst du denn über den ?"

„Kennst du den  zur ?"

„Ich nicht", sagt der kleine .

„Wir kennen den  auch nicht!",

rufen die und das .

„Der kleine kennt ihn doch.

Er wollte unbedingt über den !"

„Wieso ich!", ruft der kleine empört.

„Ich bin nicht wie die anderen

über den  geschwommen

und über die geklettert!"

„Hört auf zu streiten", sagt der 🦡.

„Und bringt den 🎒

und die 🎉 wieder her.

Die 🏫 ist doch

am linken 🏞️ vom 🏞️.

Einfach den 🛤️

weiter geradeaus

am 🏞️

entlang."

Der kleine  wundert sich.

Da bimmelt die  wieder.

Ja! Sie bimmelt an diesem .

„Los, macht schon!", ruft der .

„Sonst kommen wir zu spät zur ."

Schnell wie der

sind die und das

samt  und  wieder da.

Dann laufen sie gemeinsam los.

Die  steht schon vor der  .

„Aha", sagt sie und blinzelt.

„Der kleine , die , das und der .

Und ich dachte schon,

ihr habt den 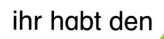  verloren."

„Wir doch nicht", sagt der kleine stolz.

Und dann malen alle ein großes

vom  und vom  .

Da bimmelt die

und die  ist für heute aus.

Für heute haben der kleine , die ,

der und das genug gelernt.

„Ich freue mich schon auf morgen",

sagt der kleine .

„Dann lernen wir das ABC !"

Die Wörter zu den Bildern

Bär

Schule

Bett

Buntstifte

Hefte

Ranzen

Schultüte

Lampe

Wecker

Bleistifte

Radiergummi

Bonbons

Blitz

Regentropfen

Bach	Ufer
Steine	Glocke
Stein	Tränen
Wasser	Lehrerin Eule
Baum	Tür
Ast	Bild
Äste	

Mein Lesebilderbuch

Bereits erschienen:

Insa Bauer, **Wir haben dich so lieb, kleiner Brummbär!**

Insa Bauer, **Überraschung für den Weihnachtsmann**

Insa Bauer, **Wie spät ist es, Maxi Maus?**

Norbert Landa, **Frohe Ostern, kleiner Bär!**

Sabine Lohf, **Nina lernt hexen**

Friederun Reichenstetter, **Kleiner Fuchs und Blaue Feder**

Maria Seidemann, **Eine Schultüte für Anton**

Jeder Band: 32 Seiten. Gebunden.
Durchgehend farbig illustriert.
Mit Leselern-Lotto.
Ab 5 Jahren

EDITION BÜCHERBÄR

Kleine Geschichten

Insa Bauer, **Rittergeschichten**

Hannelore Dierks, **Spukgeschichten**

Jan Flieger, **Mutgeschichten**

Sabine Jörg, **Schulklassengeschichten**

Ulrike Kaup, **Vampirgeschichten**

Ulrike Kaup, **Schulgeschichten**

Maria Seidemann, **Piratengeschichten**

Gerda Wagener, **Indianergeschichten**

Friederun Reichenstetter, **Schulhofgeschichten**

**Jeder Band: 32 Seiten. Gebunden.
Durchgehend farbig illustriert.
Ab 6**

LESEPROFI

Die Bücher für begeisterte Erstleser – mit dem Bücherbär am Lesebändchen!

Bereits erschienen:

Nortrud Boge-Erli, **Gespenster sind die besten Freunde**

Gerald Bosch, **Superstarke Scherzfragen**

Sabine Kalwitzki, **Mit Mimi auf heißer Spur – Eine Detektivgeschichte zum Mitraten**

Ulrike Kaup, **Ein neues Pony auf dem Hof**

Manfred Mai, **Philipp darf nicht petzen**

Jeder Band: Gebunden.
Durchgehend farbige Illustrationen.
Mit Bücherbär am Lesebändchen.
72 Seiten. Ab 6

EDITION BÜCHERBÄR